Gedichte

FALSCHE WEGE

Pit Vogt

Idee, Design & Layout: Pit Vogt

Alle Texte sind frei erfunden

<u>*Impressum*</u>

Herstellung und Verlag:
BoD - Books on Demand, Norderstedt
ISBN: 9783755712626

Inhalt

Falsche Wege

Falsch die Wege
Die ich ging
Weil ich mich im Nichts verfing
Dunkelheit tief in mir drin
Nirgendwo ein echter Sinn

Irgendwo mich selbst verlorn
Irgendwann total erfrorn
Wie verdorrtes Laub im Wald
Drifte ich
Und fühl mich alt

Nebel wabert durch den Kopf
Ganz egal
Was ich auch hoff
Alles dreht sich wild
Im Sturm
Bin so hilflos wie ein Wurm

Habe mich in mir verirrt
Bin vom Teufel wohl entführt
Wo ist nur ein guter Ort
Wo find ich mein eignes Wort

Zeigt mir Gott den neuen Weg
Dass ich wieder fühl:
Ich leb
Noch ist Dunkelheit in mir
Doch die Hoffnung wartet hier

Er

Er kam einst übers weite Meer
Ich sah erst seine Spur am Strand
Er kam vom fernen Lande her
Sein Schicksal schien so
Hart und schwer
Es herrschte Krieg in seinem Land

Er brachte dennoch Frohsinn mit
Und war im Team hier recht beliebt
Ja, manchmal weinte er ein Stück
Ja, manchmal träumte er vom Glück
Was irgendwo im „Niemals" blieb

Die Arbeit machte ihm wohl Spaß
Er tat sie gern
Er war allein
Er kannte Krieg und Tod und
Hass
War manchen Tag so schwach und blass
Und wollt doch nie ein Fremder sein

Doch eines Tags kam er nicht mehr
Es hieß, er darf nicht bleiben,
Nein
Jetzt bleibt sein Platz verlassen,
Leer
Warum will man ihn hier nicht mehr
Warum darf er bei uns nicht sein

Sein Lachen und sein Traum,
Sein Wort
Dass hör ich lang an jenem Strand
Wo er einst ankam,
Hier am Ort
Jetzt ist ein toller Mensch weit fort
Mir bleibt nur seine Spur im
Sand

Lost

Nachts spiegeln sich die Straßen
In den Augen
Den weinend
Nassen
Allein trittst du in Pfützen
Niemand kann dich stützen
Und du frierst dich durch die Regennacht
Weil dein Gesicht nie wieder so lacht

Nachts spiegeln sich die Träume
In der Seele
In schwarzgraue Räume
Dass man nur ja nichts versäume
Dir fehlt das Glück
Du suchst nach Freude
Und du schreist dich durch die triste Nacht
Weil dein Herz nicht mehr schlägt wie
Gedacht

Nachts spiegeln sich Gelüste
Die es geben müsste
Jenseits mancher Drogen
Oder Küsse
Einsamkeit bleibt
Die bittersüße
Und du gierst dich durch die heiße Nacht
Weil deine Liebe irgendetwas Sau-Blödes macht

Nachts spiegeln sich die Tode
Die du stirbst
Die du verdirbst
Jenseitig aller schön-skurrilen Mode
Erfriert dir der Leib
Die Pfote
Und du stirbst dich durch die starre Nacht
Weil deine Hoffnung in Stücke
Zerkracht

Schweigen

Das Schweigen ist eine Brücke
Eine Brücke ins Nirgendwohin
Es zeigt dir die Starre und die Einkehr in das Reich
Ein Reich, welches weit von hier
Und doch gleich neben dir ist
Du kannst es nicht sehen
Und doch ist es so nah, dass du in ihm bist
Das Schweigen ist eine Brücke
Die Brücke in dein Ich
Es zeigt dir den Weg
Den Weg, wohin du gehen musst
Um dich selbst zu erkennen
Es ist das Wortlose
Etwas, das du jetzt brauchst
In diesem Schweigen drückt sich so viel aus
Lass dein Gesicht
Regungslos
Und starre in die Weite
In die Tiefe
In die Unendlichkeit
Des Augenblicks
Dann wirst du erkennen
Erkennen, was es ist
Das Schweigen ist eine Brücke
Die Brücke zu dir selbst
Zu einer fremden Welt
Die du doch kennst
Fürchte dich nicht

Kopf in der Schlinge

Leg den Kopf in eine Schlinge
Spür den Strick um deinem Hals
Hör des Teufels schrille Stimme
Dass sie dir im Ohre klinge
Bis es brennt wie zu viel Salz

Achte auf die stete Ruhe
In der Kammer, wo du bist
Zieh jetzt aus die warmen Schuhe
Steig auf jene alte Truhe
Bis du über allem schwebst

Schau dich um an jenem Orte
Denk nochmal ans letzte Jahr
Spar dir Hoffnung, Beten, Worte
Du bist von der harten Sorte
Weil dein Leben stets so war

Sing ein Liedchen, nur ein kleines
Freu dich drauf:
Gleich ists vorbei
Scheiß aufs Leben
S' war kein feines
Und es war wohl auch kein reines
Alles ist jetzt einerlei

Spann die Muskeln in den Beinen
Gleich springst du ins Nirgendwo
Brauchst jetzt auch nicht mehr zu weinen
Dir wird nur der Tod erscheinen
Du wirst sterben
Leicht und froh

Du setzt an zum letzten Sprunge
Schließt die Augen
Holst tief Luft
Frische Luft strömt in die Lunge
Und am Gaumen klebt die Zunge
Weil der Satan nach dir ruft

Um den Hals spannt sich das Seile
Ach, dir stockt der Atem schon
Spring jetzt, spring
Jetzt dräng zur Eile
Doch du zögerst eine Weile
Jener Selbstmord ward zum Hohn

Da piepst überm Kammerfenster
Leis ein Vögelchen gar schön
Ängstlich glaubst du an Gespenster
Dieser Tag, dein allerletzter
Will dir nicht so recht vergehn

Und du starrst zum Fenster rüber
Und du glaubst nicht, was du siehst
Deine Mama, da, singt Lieder
Und sie lächelt immer wieder
Auch wenn Tränen sie vergießt

Leise ruft sie:
Bleib am Leben
Du hast doch noch so viel vor
Kannst der Welt noch Liebe geben
Schau, da draußen, dieses Leben
Schärf die Augen
Schärf dein Ohr

Dann entschwindet sie im Nebel
Du wirfst deine Schlinge ab
Du entfaltest neu die Segel
Öffnest schnell den Fensterhebel
Nein, du brauchst kein Tod
Kein Grab

Ja, du musst was Neues schaffen
Lag das Alte endlich ab
Lass die Leute reden, gaffen
Die sind neidisch, diese Affen
Du bist da
Und du bist satt

Endlich fängst du an zu fliegen
Gehst in eine große Stadt
Du beginnst zu leben,
Lieben
Bist den Träumen treu geblieben
Baust dir einen neuen Tag

Zerrissen

Auf jenem Friedhof ist's so kühl
Die Blumen wiegen sich im Wind
Erinnerungen
Ach, so viel
An all die Zeiten
Leid und
Spiel
Ich wär so gern wie einst
Als Kind

Kein Mensch ist hier
Es ist so still
Manch Traum verweht im Regenguss
Erinnerungen
Ach, so viel
Hier auf dem Friedhof gibt's kein Ziel
Hier gibt's kein Anfang
Keinen Schluss

Ich würd so gerne bei Euch sein
Die Einsamkeit wiegt schwer
So schwer
Erinnerungen müssen sein
Doch wiegen sie schwer wie ein Stein
Zerrissen scheint das Herz
Und leer

Auf jenem Friedhof ist's so kalt
Der Abend kommt
Und Regen fällt
Da lebt man jung
Da wird man alt
Und man vergeht zu schnell
Und bald
Was bleibt
Wenn uns hier nichts mehr hält

Flieger

Ich wollt so gern ein Flieger sein
Dort, irgendwo am Firmament
Nur mit dem Wind alleine sein
Wollt ich so gern ein Flieger sein
Zerreißen mir das alte Hemd

Ich wollt so gern ein Flieger sein
Ja, irgendwo am Himmelszelt
Geblieben sind nur Träumereien
So gern wollt ich ein Flieger sein
Und unter mir die ganze Welt

Ich wollt so gern ein Flieger sein
So hoch über dem blauen Meer
Doch blieb auf Erden ich allein
Ich sollt wohl nie ein Flieger sein
Denn Fliegen war für mich zu schwer

Winter

Der Winter ist so kalt
Ich sehne mich nach Dir
In dieser Traurigkeit
Allein
Und getrennt von Dir
Bin ich am See
Er ist so kalt
Ich fühle mich nicht wohl
Und ein heftiges Gewitter droht
Es will mich töten

Fremde Gesichter
Sie sind mir unbekannt
Doch kenn ich sie
Von irgendwoher
Schatten in der Fremde
Spuren im Schnee
Mein eigener Herzschlag
Der mich betäubt
Er lässt mich nichts mehr fühlen
Und auch nichts sehen
Bin ich gar blind
Oder nur stumm
Zu dumm und blöd für dieses Sein

Blumen für die Spinner
Und keiner kann es so gut wie ich
Bin ich nicht ehrlich
Zu Dir
Zu mir
Zu allen um mich herum
Zu wem eigentlich
Ich lüge nie, und doch immer wieder
Weil ichs nicht anders kann
Ich bin doch klug
Oder etwa nicht
Wenns um mich geht,
bin ich zu doof
Es bleiben tausend Fragen

Du gehst mit mir ins Ungewisse
In die Stadt der Angst
Die Stadt der Fremdheit
Du gehst mit mir ins Reich des Alleinseins
Des Fluches
Und der Flucht
In ein Reich der unbezwingbaren Sucht
Doch nur in den Gedanken
Ich torkele und spür sie nicht
Die Seele
Nein, ich bin noch nicht betrunken
Und Drogen sind mir fremd
Ich werd sie niemals nehmen
Es bebt das Meer
Der Ozean
In jener Welt
Der Abgeschriebenen

Ich bin kein neuer Mensch
Ich bin schon alt
Und jung geblieben
Und doch so fern von allen Lüsten oder Trieben
Im Moment
Denn Du bist fort
Und all die Fremden um mich herum
Sind wie Gespenster
Sind ohne Namen
Und ohne Gefühle auch
Mich drängts zur Flucht
In neue Räume
In einen andern Schoß
Und dann wird auch die Sonne wieder scheinen
Denn in diesem Leben
Kann ich ändern
Und bleibe dennoch
Immer
Ich

Erinnerung

Schön wars in der großen Stadt
Job, Familie
Wunderschön
Dort wo keiner Namen hat
Lebten sie in jener Stadt
So sollt es immer weiter gehn

Doch seit kurzem träumte sie
Von dem Ort, der endlos weit
Sah die Kirche, Wald und See
Manche Nächte träumte sie
Von der fernen Seligkeit

Sie verstand die Zeichen nicht
Doch es zog sie magisch fort
Und sie sah im Traum ein Licht,
Hatte Tränen im Gesicht
Wo nur lag dies Land, der Ort

Mehr und mehr wollt sie dorthin
Alles schien ihr so bekannt
Wo nur lag des Traumes Sinn
Warum wollte sie dorthin
In dies wundersame Land

Eines Tages brach sie auf
Nahm die Tasche wie in Trance
Nahm den Abschied selbst in Kauf
Schweigend brach sie einfach auf
War das ihre letzte Chance

Auf dem Weg durch Traum und Zeit
kam nach Irland sie bei Nacht
Lang schien dieser Weg und weit
Irgendwo am Rand der Zeit
Ward sie wohl nach Haus gebracht

In dem kleinen Dorf am Meer
Sah es aus wie in dem Traum
Kirche, Wald – sie wollt hierher
In das kleine Dorf am Meer
In das Haus beim Mandelbaum

Nichts war hier wie in der Stadt
Ruhm und Reichtum gabs hier nicht
Wichtig war nicht, was man hat
Wichtig nicht die ferne Stadt
Nur des Mondes fahles Licht

Auf dem kleinen Friedhof dort
Stand sie an dem fremden Grab
Hier an diesem stillen Ort
Trug sie die Erinnerung fort
Las die Inschrift, die schon matt

Da durchfuhr ein Blitz ihr Hirn
Und sie wusste es genau
Ihre Mutter lag hier drin
Ja, ihr Traum zog sie hierhin,
Zu dem Grab der toten Frau

Und sie fühlte sich so gut
Goss die Blumen vor dem Stein
Hatte wieder Lebensmut
Denn sie fand ihr eigen Blut
Ihre Seele wurde rein

Plötzlich hörte sie von fern,
Wie die Mutter leise sang
„Ach, mein allerliebster Stern,
kamst zu mir, doch ich bin fern.
Kamst zu mir, zum weißen Strand"

Lange saß sie noch am Grab
Und sie küsste sanft den Stein
Dort, wo's keine Zeit mehr gab
Dort an Mutters kleinem Grab,
Konnt sie endlich glücklich sein

Als sie wieder heimwärts zog,
War voll Liebe sie und Kraft
Und ein Silberwölkchen flog
Übers Meer, auf dem sie zog
Ja, sie hatte es geschafft

Und daheim
Dort, in der Stadt
Hatte sie den Sinn erkannt
Wer im Herz sein' Mutter hat,
Braucht nicht Geld,
Nicht Ruhm und Stadt
Nur manch Traum
Und Mutters Hand

Clown

In der Garderobe ganz allein
Ein Clown, schon alt und ziemlich bunt
Schaut in den Spiegel lang hinein
In der Garderobe, ganz allein
Zu seiner allerletzten Stund

Mit weiß geschminktem Angesicht
Schaut er sich bitter schweigend an
Warum nur ist so hell das Licht
So weiß und trist sein Angesicht
Was für ein Narr
Ein alter Mann

So viele Jahre war es so
Die Bühne und die schöne Schau
Jetzt sitzt er hier und scheint nicht froh
So viele Jahre
Einfach so
Sein Haar ist dünn und auch schon grau

Die Kinder hatten ihn geliebt,
Als er noch sang vom großen Glück
So manches laute Frühlingslied
Sang er mit Kindern, die so lieb
Jetzt schweigt er hier im letzten Stück

Sein Leben war die Zirkusluft
Ein andrer sein, das wollte er
Er spürt, wie etwas nach ihm ruft
So fern von aller Zirkusluft
Im Herze wird's ihm ach so schwer

Er kann doch nicht so einfach gehn,
Dorthin, wo er nicht spielen kann
Soll aller Spaß mit ihm verwehn
Soll man denn wirklich wortlos gehn
Er ist ein Clown
Ein Zirkusmann

Doch bleibt ihm keine Antwort mehr
Von fern noch hört er den Applaus
In der Garderobe ists so leer
Hier gibt es keine Antwort mehr
Und er geht niemals mehr hinaus

Ganz dicht rutscht er zum Spiegel hin
„Wo ist mein Lachen", fragt er sich
Wo ist all das, was ich noch bin
Der Spiegel flüstert leis zu ihm:
„Du bleibst ein Clown, gar vorbildlich"

Und lächelnd lehnt er sich zurück
Ein letztes Mal schminkt er sich ab
Es war sein allerhöchstes Glück
Zufrieden lehnt er sich zurück
Hier vor dem Spiegel ward sein Grab

Menschenleeres Haus

Menschenleer ist dieses Haus
Blumen fehlen, Türen, Luft
Keine Katze, keine Maus
Nur ein Vöglein ist's, das ruft

Höre zu dem kleinen Tier,
Dass so viele Töne bringt
In dem Haus, das menschenleer
Wo nicht mal ein Radio singt

Plötzlich bin ich nicht allein,
Denn mir scheint, da ist noch wer
Geh ins Badezimmer rein
Dieses ist nicht öd und leer

Denn dort planscht ein Kind, welch Freud
Voller Glück, mit lautem Ton
Und ich schaue wie betäubt
Wem gehört nur dieser Sohn

In dem menschenleeren Haus
Ist es da, bringt Leben her
Da fällt ab so mancher Graus
Gar nichts ist mehr wie vorher

Menschenleer war dieses Haus
Menschenleer doch jetzt nicht mehr
Wozu brauch ich Katz und Maus,
Wenn laut lacht ein Kind allhier

Flucht

Was ist die Freiheit wert,
wenn die Leute schweigend gehen
Die Jugend, ach,
die ist doch gar nicht schwach
Und woanders
werden wieder starke Winde wehen
Wir leben alle unter einem morschen Dach

Ich stell mir immerzu
die stumme Frage
Wo ist das Glück
Und wo die Hoffnung, wo
Und wieder gehen
an manch regnerischem Tage
die Menschen aus der Heimat
Einfach so

Brach liegt dies Land
der fliehend' Bauern
Brach auch der Sinn-
Ich find ihn nirgendwo
Zu spät zum Jammern
oder auch zum Trauern
Ich schau mich um – in Angst
Und werd kaum froh

So ziehn sie fort,
die Rächer, die Verdammten
Zum weiten Strand
Zum fernen Kontinent
Und wenn sie einst
Zuhause wieder landen,
Sind sie allein,
weil man sie nicht mehr kennt

Die Mörderin

Sie saß ihr gegenüber an dem viel zu großen Tisch
Sie stellte viele Fragen, aber sonst
Da war wohl nichts
Die Frau da gegenüber hat getötet vielleicht
Wohl einen Mann
Den Vergewaltiger
So ganz ohne Groll

Ja, die Polizistin sah ihr tief ins Angesicht
Sie stellte viele Fragen
Aber sonst war wirklich nichts
Sie hat erzählt, dass sie einfach nichts bereut
Sie wurde vergewaltigt
Und ihr halfen keine Leut

Düster war der Raum
Düster auch jenes Verhör
Manch Frage, manche Antwort fiel so endlos schwer
Tränen schwiegen übers starre Angesicht
Überall nur Trauer
Jenseitig von irgendwelchem Licht

Immer wieder Stille
Wenn sie nicht mehr sprach
Beide Frauen - dort am Tisch
Und so schrecklich wach
Das, was man ihr antat, war der schlimmste Tod
Nie mehr glücklich leben
Immer nur in allerhöchster Not

Und die Polizistin sah ihr traurig ins Gesicht
Starrt kalt in die Seele
Nein, sie fand den Menschen nicht
Manche sterben plötzlich
Einfach vor der Zeit
Manche Frauen morden, wenn die Worte weit

Wieder dieses Schweigen
Dieser hoffnungslose Blick
Wer bringt dieser Frau irgendein Vertrauen je zurück
Alles scheint gestorben
Zäh die letzte Atemluft
Dort am Ende aller Leben bleibt nur eine schwarze
Höllengruft

Dann ist es zu Ende
Dieses Mords-Verhör
Man schickt sie in die Zelle
Und das fällt so ungeheuer schwer
Ja, die Polizistin sah ihr tief ins Angesicht
Hat sie sie verstanden
Ja, sie weinte
Und mehr war da nicht

Annäherung

Man sagt, er brachte Menschen um
Ein Serienkiller
Ziemlich fies
Man sagt, er sei sehr roh und dumm
Ich weiß – er brachte Kinder um
Sein ganzes Wesen – *total mies*

Ein Mann, so um die zwanzig Jahr
Nicht hässlich, dick, kein Supermann
Den Leuten ist wohl alles klar
Mir scheint so vieles sonderbar
Was dachte er so dann und wann

Zwei Jungen hat er umgebracht
Er hats gestanden
Sitzt jetzt ein
Er wird jetzt ziemlich schwer bewacht
Weil er sie eiskalt umgebracht
Im Knast will niemand "Mörder" sein

Ich melde mich beim Staatsanwalt
Denn ich will sprechen mal mit ihm
Er hat gemordet tief im Wald
An einem Tag, der bitterkalt
Sein Leben macht wohl kaum noch Sinn

Drei Tage später dann im Knast
Sitzt er mir gegenüber schon
Ich schau ihn an – er scheint so blass
Das Fenster wischt ein Regen nass
Er ist so jung
Wie manch´ ein Sohn

Sein Blick ist trüb
Er weicht mir aus
Will er nicht sprechen über „Das"
Da ist kein Teufel
Auch kein Graus
Doch ist er keine zahme Maus
Ich frage ihn: „Wieso, wie, was"

Durchs Fenstergitter flieht sein Blick
Kaum eine Regung spür ich, nichts
Vielleicht ist es auch nur ein Trick
Vielleicht ist ängstlich er ein Stück
In diesem Knast
Jenseits des Lichts

Zwei Wärter stehen vor der Tür
Die sind recht mächtig, stark und groß
Der Junge auf dem Stuhl vor mir
Scheint bleich und schwach
Kein wildes Tier
Die Hände zittern ihm im Schoß

Dann spricht er leis, so zaghaft, schwer
-Er hörte Stimmen laut in sich-
Ganz tief in ihm wards da so leer
Er sagt, er tut so was nie mehr
Doch tröstet das nicht ihn
Nicht mich

Ich denk, als er so mit mir spricht
An seine Opfer, die jetzt tot
Sie hatten Mütter sicherlich
Die leiden jetzt so fürchterlich
Er brachte so viel Leid
Und Not

Wie hält man's aus, frag ich mich nur
Wie kann man das ertragen, wie
Er sagt es nicht
Ist er zu stur
Ist da von Reue keine Spur
Schläft man des nachts als Mörder nie

Doch alles, was er sagt und meint
Verwischt, verschwimmt im Zimmer hier
Als er dann vor mir kniet und weint
Als er kein Mörder und kein Feind
Ist selbst er Opfer – *ohne Zier*

Die Zeit verrinnt, ist bald vorbei
Man führt ihn fort
Man faucht ihn an
Noch einmal schaut er – *einerlei*
Die Uhr zeigt nachmittags um 2
Er ist ein Junge doch
Kein Mann

Allein bleib ich im Raum zurück
Steh langsam auf und schau und schweig
An diesem Ort, so fern vom Glück
Begreif ich nichts
Kein einzig' Stück
Beinah tut er mir sogar leid

Wie seine Opfer – tot, vorbei
So starb er selbst – fort, wegradiert
Sein Leben sinnlos, aus, ein Schrei
Nie wieder Menschsein
Nie mehr frei
Nur noch ein Wesen, das erfriert

Die Leute rufen: *„Tod dem Schwein"*
„Wozu noch Knast für solchen Dreck"
Ich fühl mich ratlos
Muss das sein
Doch wer vergibt
Macht man sich klein
Erfüllt die Todesstraf' den Zweck

Viel später schreib ich den Bericht
Und weiß nicht, wie ich's schreiben kann
Der Regen wäscht das Fensterlicht
Als man im Radio plötzlich spricht:
Er hat erhängt sich
Irgendwann

Weihnachtsgeschichte

Ein Weihnachtsabend gegen Drei
Das junge Paar sitzt unterm Baum
Ein kleines Kind ist auch dabei
Es ist an Weihnacht gegen Drei
Was für ein schöner Weihnachtstraum

Gleich gibt's Geschenke reichlich, satt
Das Kind, gespannt, ist voll von Glück
Der Weihnachtsmann kommt in die Stadt
Und bringt Geschenke, reichlich, satt
Und Papa kennt den Weihnachtstrick

Er geht hinaus und lächelt leis
Und sagt noch schnell: *„Gleich ist's soweit"*
Die Spannung steigt, dem Kind wird's heiß
Der Papa lächelt nur ganz leis
Und so vergeht die Stund, die Zeit

Die Mutter nimmt das Kind zu sich
Und streichelt sacht ihm übers Haar
„Wo bleibt der Papa", fragt sie sich
Und nimmt das Kind ganz sacht zu sich
Der Weihnachtsmann ist noch nicht da

Der Abend geht, längst schläft das Kind
Es hat nach Papa kurz gefragt
Vorm Hause streicht ein eisig' Wind
Die Mutter bracht ins Bett das Kind
Und hofft am Fenster voller Klag

Wo bleibt der Papa, wo der Mann
Warum in dieser Weihnachtsnacht
Lang schaut im Spiegel sie sich an
Wo bleibt nur unser Weihnachtsmann
Hat der sich aus dem Staub gemacht

31

Am nächsten Morgen klingelts früh
Zwei Polizisten stehn vorm Haus
Sie stelln sich vor und fragen sie
Für manche Nachricht ist's zu früh
So sieht kein Weihnachtsmorgen aus

Man fand den Wagen irgendwo,
Zerschellt an einer Häuserwand
Da war das Glatteis, einfach so,
In einer Straße, irgendwo
Den Toten man erst morgens fand

Die Polizisten gehen schnell
Nach Haus, wo Weihnachtsmusik singt
An jenem Morgen wird's nicht hell
Und mancher Tod kommt eben schnell
Manch' Papa nie Geschenke bringt

Das Kind erwacht so gegen Zehn
Und fragt nach seinem Papa bald
Die Mutter bleibt im Zimmer stehn
Es ist an Weihnacht, früh um Zehn
Und in der Wohnung ist's so kalt

Sie nimmt das Kind in ihren Arm
Und drückt es fest ans Mutterherz
„Wolln wir zum Weihnachtsmann jetzt fahrn"
Sie hält das Kind ganz fest im Arm
Und schluckt hinunter ihren Schmerz

Und alle Fragen bleiben fort
Es gibt auch keine Fragen mehr
Wo gestern noch ein schöner Ort,
Bleibt aller Weihnachtszauber fort
Der Weihnachtsmann kommt nimmer mehr

Sie steigt ins Auto mit dem Kind
„Komm lass nach Papa uns jetzt schaun"
Es weht nur eisig kalt ein Wind
Sie fährt davon mit ihrem Kind
Auch draußen steht manch' Weihnachtsbaum

Man sieht sie rasen übers Land
Es fällt der Schnee so weiß und dicht
Sie nimmt das Kind fest an die Hand
Es ist doch Weihnachten im Land
Die nächste Kurve sieht sie nicht

Dann ward es still – *kein Schnee, kein Wind*
Nur einsam steht ein Weihnachtsbaum
Sie stieg ins Auto mit dem Kind
Und wollt zum Weihnachtsmann geschwind
Nur einmal noch den Weihnachtstraum

Und irgendwo zur Weihnachtszeit,
Da wartet manches Kind verzückt
Auf Papa mit dem Weihnachtskleid
Am Himmel hoch zur Weihnachtszeit
Da sind drei Sterne voll von Glück

Der Trinker

Irgendwo in jener Stadt
Dort, wo keiner Namen hat
Lebte er wohl irgendwie
Reichtum hatte er noch nie
Lebte er so in den Tag

Eines Tages gegen Zehn
Blieben alle Uhren stehn
Ja, man warf ihn einfach raus
Job und Arbeit
Alles aus
Plötzlich ward die Welt nicht schön

Einsam saß er nun im Dreck
Irgendwo im Straßeneck
Nur der Alkohol war da
In der kleinen Hafenbar
Soff er sich die Sorgen weg

Trank ab jetzt tagein tagaus
So sah jetzt sein Leben aus
Alles sollt im Kreis sich drehn
Er konnt selbst sich nicht verstehn
Alkohol – *sein bester Schmaus*

Und die Sucht hielt ihn ganz fest
Er versoff den letzten Rest
Immer öfter fiel er um
Aller Traum blieb tot und stumm
Weil die Sucht nichts leben lässt

Irgendwann im Krankenhaus
Kam er aus dem Suff mal raus
Für sechs Wochen trocken, clean
Für sechs Wochen wieder Sinn
Wieder Mensch und keine Maus

Ja, er schwor sich klipp und klar:
Nie mehr saufen, wie´s mal war
Wieder Arbeit, Lebenssinn
Doch der Wunsch schien schnell dahin
Und es nahte die Gefahr

Ach, er trank so viel, so viel
Ohne Halt und ohne Ziel
Bis sein Traum total zerbrach
Aus die Heimat, Haus und Dach
Und der Regen fiel und fiel

Irgendwann sah er ein Licht
Hörte, wie man zu ihm spricht:
Fürchte dich nicht, komm nur, komm
Ich bin hier und warte schon
Und er fürchtete sich nicht

Warf die Flasche weit von sich
Spürte Kraft im Angesicht
Lief und lief und war schon fort
Einsam blieb sein Heimat-Ort
Nein, die Sucht vergab ihm nicht

Irgendwo in jener Stadt
Dort, wo niemand Namen hat
Hat gelebt er irgendwann
Nein, er war kein reicher Mann
Und vom Baum fällt leis ein Blatt

In der Nacht

Angst und Wut in dieser Nacht
Tief in mir bei Vollmondlicht
Bin längst um den Schlaf gebracht
Irgendwo in dieser Nacht
Und ich weiß,
Du bist es nicht

Nass die Straßen, die ich geh
Einsamkeit sticht sich durchs Hirn
Nirgendwo ein Licht ich seh
Gar nichts, was ich jetzt versteh
Und es schmerzt in Aug und Stirn

Stolpere durch tiefe Pfützen
Flieh behänd vor irgendwas
Was kann all der Hass mir nützen
Überall nur Regenpfützen
Meine Seel wäscht selbst sich nass

Hagel schlägt ins Angesichte
Muffig manch' Gestank um mich
Hier, fernab von Stadt und Lichte,
Sind die Träume öd und triste
Gar nicht weit vom
Drogenstrich

Wahn, Verzweiflung lähmt die Sinne
Und ein Virus kriecht ums Eck
Krächzend, rau die kranke Stimme
Übern Schotter kriecht manch' Spinne
Ratten fressen jeden Dreck

Wie ein Alb droht alles Dunkel
Diese Nacht
Nur Furcht und Gram
Keine Stimme,
Kein Gemunkel
Keine Sterne,
Kein Gefunkel
Wann bricht nur der Morgen an

Da, ein Lichtstrahl bricht die Trübe
Ist's der Morgen, der da kommt
In den Pfützen wenig Liebe
Schmutzig diese Alltagsbrühe
Die wohl keinen lang verschont

Und ich starr zum Himmel wieder
Doch der Morgen kommt noch nicht
Diese Nacht stirbt ohne Lieder
Stülp mir die Kapuze über
Pfützen spiegeln nachts kein Licht

In einer Bar

Sitz in einer Bar
Am Rand aller Welten
Trink noch einen Whisky
Fühl mich total leer
Ich warte auf dich
Du wolltest dich melden
Und all meine Worte
Die irgendwie zählten
Sind jenseits
Weit fort
Mir ists leicht und schwer

Der Barkeeper schaut mich recht nachdenklich an
Füllt das Glas wieder auf
Das andauernd leer
Die Uhr schlägt nicht mehr
Ich weiß nicht mehr wann
Der Barkeeper fragt
Was los ist sodann
Ich schließ meine Augen
Und bin total
Quer

Und noch einen Whisky auf bessere Zeiten
Der Barkeeper meint
Es sei nicht so schlimm
Ich will gar nichts sagen
Ich will auch nichts schreiben
Und noch einen Whisky
Auf saublöde Zeiten
Er legt sich behänd auf die Seele
Dahin

All die verloren-gefundenen Seelen
In dieser Bar
Am Rande der Welt
All diese Worte
Die wichtig
Die zählen
Sind nichtig und hohl
Wie all jene Seelen
Der Whisky wohl alle am Leben noch hält

Sitz in einer Bar
Am Rand meiner Träume
Trink den Rest noch vom Whisky
Fühl mich total leer
Ein Sturm peitscht da draußen die Äste der Bäume
Irgendwo tief sind noch immer die Träume
Von dir und von mir
So leicht
Und so schwer

Irgendwo

Irgendwo auf dieser Welten
Wartest du aufs große Glück
Ja, du weißt,
Du willst was gelten
Niemand darf dich rügen,
Schelten
Und du kriechst dahin
Manch´ Stück

Längst bist du vorbei,
Vergessen
Weil dich niemand kennen will
Wolltest gern vom Kuchen
Fressen
Wolltest dich mit jedem
Messen
Doch in deinem Herz bliebs
Still

Einsamkeit zerfrisst und wabert
Durch dein Hirn,
Durch Mark und Bein
Wo die letzte Hoffnung hadert,
Bleibt nur Kälte,
Die dir schadet
Längst willst du ganz anders sein

Doch dein Leben klebt wie Kotze
Geht nicht vor und nicht zurück
Lügen fallen aus der Glotze
Deine Nase strotzt von
Rotze
Nur im Traum lebt noch dein Glück

In Gedanken killst du jeden,
Der dir mal zu nahe kommt
Du willst fliehen
Bis nach Schweden
Nie mehr auf der Stelle treten
Doch du hast es nicht
Gekonnt

Und die andern grinsen zynisch
Ziehen stumm an dir vorbei
Du weißt längst,
Das ist nicht rühmlich
Fühlst dich krank und tot
Und dümmlich
Und dein Hirn zerkocht wie
Brei

Schwer dein Kopf, dein Leib,
Die Seele
Jeder Tag ward zum Schafott
Schnaps und Tränen schnürn die Kehle
Dass dich niemals mehr was quäle
Wo kein Leben,
Da nicht
Gott

Ach, dein Ziel verschwimmt im Regen
Gibst du auf,
Dann ist es fort
Doch wie willst du noch was geben
Doch woher kommt noch ein Segen
Wenn dir fehlt ein rechtes
Wort

Lass die Hoffnung dir nicht klauen
Jag die Dummheit weg von dir
Du musst stets nach vorne schauen
Kannst vielleicht was Großes bauen
Immer noch ist Glaube hier

Kämpfst dich dann aus aller Scheiße
Irgendwann
Geht's steil bergauf
Und die Kraft schlägt laut,
Nicht leise
Und dein Hirn kennt jene Weise
Und du stehst erneuert auf

Sie

Sie wollt doch nur 'ne Mutter sein
Für ihren Sohn
Der weinte leis
Sie fühlte sich so sehr allein
Und wollt doch nur 'ne Mutter sein
Doch ihre Welt fror kalt wie Eis

Sie dielte oft, sie tat's für Geld
Und fixte manchmal einfach so
Sie wollte eine bessre' Welt
Und machte nachts es oft für Geld
Und war doch niemals richtig froh

Dann, eines nachts, so gegen Drei
Nahm man sie fest und nahm sie weg
Mit allem Leben schiens vorbei
Es war so kalt des nachts um Drei
Und in den Ecken lag der Dreck

Man sperrte sie recht zügig ein
Man fragte nicht, wie es ihr ging
Sie wollt doch nur 'ne Mutter sein
Man sperrte sie sehr lange ein
Im Knast gab's Mütter auch mit Kind

Dort hielt sie es nicht lange aus
Am Fensterkreuz war's, wo sie hing
Sie kam aus ihrem Tief nicht raus
Der Knast ist schlimm
Ein Irrenhaus
So ohne Hoffnung, ohne Sinn

Der Wind fegt fort die Nacht, den Staub
So manches Leben nimmt er mit
Und zwischen Unrat, Muff und Laub
Zerfällt manch Seele schnell zu Staub
Nein, nichts bleibt übrig
Nicht ein Stück

Schneesturm

Sie fragte ihn:
Wo willst du hin
Erstarrt sah er ihr ins Gesicht
Es hatte wohl auch keinen Sinn
Er wollte fort
Egal
Wohin
Und trübe schien das Kerzenlicht

Er zog sich an,
Lief schnell hinaus
Ein Schneesturm kühlte sein Gesicht
Im Eiswirbel nicht Mann,
Nicht Maus
Es war so kalt,
Ein wahrer Graus
Am kleinen Bahnhof brannte Licht

Auf Bahnsteig 3
Stand noch ein Zug
Der Schnee verwirbelte die Zeit
Ein Alptraum
Oder
Selbstbetrug
Vom Alltag hatte er genug
Für eine Nacht
Vom Zwang befreit

Ein junger Mann mit schwarzem Schal
Kam auf ihn zu,
Umarmte ihn
Sie sahen sich das erste Mal
Und küssten sich ganz ohne
Qual
Und plötzlich machte alles Sinn

Vom Schneegestöber eingehüllt
Da liebten sie sich
Heftig, heiß
Manch´ ferner Traum schien da erfüllt
Ein Liebesbrief
Im Schnee zerknüllt
Die Liebe schmolz die Nacht,
Das Eis

Bleibst du bei mir – so fragte er
Der andere Mann blieb still und
Schwieg
Noch einen Kuss,
Der leicht und
Schwer
Dann war der Bahnsteig menschenleer
Und niemand aus dem Zug mehr stieg

Der Schneesturm fauchte dumm und
Klug
Der Zug fuhr ab
Ins Nirgendwo
War alles nur ein Selbstbetrug
Wenn man vom Alltag hat genug
Gibt's Leben nur im
Anderswo

Er schlug den Kragen hoch und ging
Ihm war nicht kalt
Auf Bahnsteig 3
Der Schneesturm sich im Nichts verfing
Ein bisschen Liebe nur,
Ein Sinn
So vieles scheint oft
Einerlei

Noch einmal drehte er sich um
Da war kein Zug,
Kein Mann,
Kein Kuss
Die Flocken wirbelten recht krumm
Er lief nach Hause
Lächelnd,
Stumm
Weil das so ist
Weil man's so
Muss
???

Watt

Er ging ins weite Watt hinaus
Der Mond verklärte seinen Blick
Die Nebel zogen um sein Haus
Er wollt nur in das Watt hinaus
Er war so fern
So weit vom Glück

Noch kam die Flut nicht und er lief
Schon sank er ein in den Morast
So vieles ging im Leben schief,
als niemand seinen Namen rief
Er hatte manche Chance verpasst

Die Uhr schlug Mitternacht sodann
Da gab´s kein Mensch, der ihn so sah
Einst war er wohl ein froher Mann,
der mal verlor und mal gewann,
der immer zuverlässig war

Und er lief weiter, immerfort,
ins weite Watt, wo´s düster ist
An jenem unheilvollen Ort,
da zog er hin, da zog er fort
Ihn hatte wohl niemand vermisst

Es schwammen Wolken vor den Mond
Ein Regen fiel und Kälte zog
Dort, wo vielleicht manch Unhold thront,
wer fragt danach, was sich noch lohnt
So mancher schreit im Todes-Sog

Die Einsamkeit fror übers Watt
Am Horizont das weite Meer
Er hatte alles Leben satt
Und ging hinaus ins kalte Watt
Nein, es erfreute ihn nichts mehr

Verwaschen seine Spur im Schlick
Das Wasser stieg, die Flut kam schnell
Da blieb nicht viel vom Wunsch nach Glück
Vielleicht ein Rest der Spur im Schlick
Und dunkel war's, und gar nicht hell

Die Wogen schlugen laut zusamm
Dort, wo er lief, das weite Meer
Und leis, von fern, ein Trauersang
Wohl kam er längst im Jenseits an
Sein altes Haus am Strand ist leer

Der Obdachlose

Die Sonne strahlt und wärmt die Stadt
Dort ist es, wo man alles hat
Doch hinterm Park, im Brückenschacht
Ist meistens Armut
Meistens Nacht

Er zieht seit vielen Jahren um
Er war mal was
Er ist nicht dumm
Der Alkohol wärmt Sorgen fort
Und Ängste auch
Und manches Wort

Im Wohnungsamt lehnt man ihn ab
Ein Säufer, der so gar nichts hat
Man will ihn nicht
Man schickt ihn fort
Und wieder zieht er durch den Ort

Die Straße ward zur Heimat ihm
Sein Leben aber: ohne Sinn
Einst wollt' er mal so hoch hinaus
Am Ende blieb das Hinterhaus

Seit Tagen streikt die Leber sehr
Die Freundin weint
Es ist so schwer
Er bricht zusammen irgendwo
Er kann nicht mehr
Das ist wohl so

Von seinen Träumen blieb nicht viel
Kein Platz zum Leben
Und kein Ziel
Im Winter fror er sich bald tot
Es wärmte ihn nur Schnaps
Sein Brot

Gestorben ist er irgendwann
Im Krankenhaus
Als armer Mann
Er hat gehofft, geweint, gelacht
In seinem Heim
Im Brückenschacht

Die Beisetzung war still und trüb
Nur eine blieb
Sie hat ihn lieb
Sie weinte lang am kleinen Grab
Das einsam traurig vor ihr lag

Die Sonne scheint auf diese Stadt
Scheint warm und ruhig auf sein Grab
So einsam ist's am Brückenschacht
Der Wind ist kalt
In jeder Nacht

Depressionen

Manchmal stürzt in diesen Zeiten
Alles durcheinander wohl
Musst du gehen
Kannst du bleiben
In dir quellen Ängstlichkeiten
Schwer dein Tag
Manch' Traum ward hohl

Zitternd frierst du vor der Klinik
Vor den Scherben deiner selbst
Schwammig-scharf jetzt deine Mimik
Jedes Jahr die Psycho-Klinik
Weil du wie ein Laubbaum welkst

Schief ging alles, was du bautest
Es fiel ein und ging kaputt
Gott blieb fern, zu dem du schautest
Manch' Gebet von dir, manch' lautes
Längst zerfiels zu Dreck und Schutt

Niemand blieb an deiner Seite
Deine Hoffnung schwindet, stirbt
Und dein Blick flieht in die Weite
Spröde fast, wie weiße Kreide
Kratzt die Seele und erfriert

Schweißgebadet, angstgesteuert
Zitterst du dich in dein Bett
Drohend, irreal befeuert
Findest du dich arg bescheuert
Selbst die Atemluft bleibt weg

Nur die Schwester kennt dein Leiden
Kennt dein Auf, dein Ab, dein Zwirn
Und sie weiß, du wirst lang bleiben
Ängste sind schwer zu vertreiben
Panik klebt sich tief ins Hirn

Sechs Tabletten bringen Kühle
Bringen Trägheit auch und Schlaf
Bis beginnt die stetig' Mühle
Morgen früh
Dann fehlt die Kühle
Depressionen sind nicht brav

Du musst lernen, neu zu leben
Es wird schwer, es wird nicht leicht
Hast dir selbst noch was zu geben
Mit der Krankheit weiterleben
Bis es für ein Lachen reicht

Aus den Ängsten, die noch unken
Hilft die Klinik dir ein Stück
Auch wenn du jetzt noch versunken
In der Panik, unumwunden
Findest du vielleicht zurück

Manchmal geht's in jenen Zeiten
Nicht mehr glatt
Dann fällst du tief
Lass von Krankheit dich nicht treiben
Denn du darfst nicht so viel leiden
Weils ganz plötzlich anders lief

Schau, so viele sind betroffen
Diese Klinik ist kein Knast
Lerne leben
Lerne hoffen
Halt dein Herze ganz weit offen
Denn du hast noch nichts verpasst

Depressionen machen mürbe
Nicht perfekt sein, das macht schwach
Panik, Ängste – fern der Würde
Kraftvoll schlägst du diese Bürde
Ja, du schaffst es
Du bist wach

Es war...

Es war am Rand der großen Stadt
Da lebte er mit sich allein
Dort, wo die Welt nichts Warmes hat
Hat er gelebt, allein, nicht satt
Er wollt es nicht
Es musste sein

So manchen Joint am Morgen schon
Den er gefunden irgendwo
Er triebs mit manchem Hurensohn
Für wenig Geld
Was macht das schon
Ein Stückchen Leben
Oder so

An einem Tag, der anders schien
Fand er den Mann
Der ihm gefiel
Er zog mit ihm mal her,
Mal hin
Es machte alles einen Sinn
Vielleicht war das sein neues Ziel

Der fremde Kerl hat ihn gemocht
Er fand ihn lustig sicherlich
Er hatte ihm mal was gekocht
Dort, wo der Specht ins Holze pocht
Da sagte er: "Ich liebe dich"

In seinen Armen träumte er
Von manchem Glück
Vom fernen Land
Mit diesem Mann ans blaue Meer
Ein Stückchen Leben, das nicht leer
Ein bisschen nur die fremde Hand

Doch irgendwann als Regen fiel
War jener Fremde plötzlich fort
Und wieder neu
Das alte Spiel
So arm und einsam, ohne Ziel
An einem kalten, stillen Ort

Ein Stückchen Hoffnung war da noch
Er dachte an den Fremden oft
Das hielt ihn fern
Von manchem Loch
Das schmolz dahin ganz sacht jedoch
Manch' Träne aus den Augen tropft

Bald zog er weiter seinen Weg
Am Rand der Stadt mit seinem Joint
So Vieles schien vom Wind verweht
Sein Leben wohl total verdreht
Auf keiner Suche nach 'nem Freund

Ein Husten quälte plötzlich stark
Das Blut lief ihm aus Nas' und Mund
Der Hölle nah an Nacht und Tag
Er hielt sich noch
Hat nicht geklagt
Sein Leib so krank
Die Seele wund

Halbtot und schwer
Fast wie ein Stein
Versank er unterm Blätterdach
Am Rand der Stadt
So sollt es sein
Nur er, sein Traum, der Mondenschein
Noch nie war er so hell und wach

Es war am Rand der kalten Stadt
Als er die Augen leise schloss
Dort wo der Wald noch Träume hat
Verschwand er still
Vom Leben matt
Ein Stückchen Hoffnung
Gar nicht groß

Ein einfaches Märchen

Paul ist -nur- ein Arbeitnehmer
Doch er macht die Arbeit gut
Paul aus Erfurt, kein Gewinner
Paul, ein Ossi, doch kein Spinner
In ihm brennt -noch- Arbeitswut

Doch er ist so um die „50"
Und er spürt, man will ihn nicht
Plötzlich fühlt er sich so winzig
Seine Zeit scheint nicht sehr günstig
Arg vibriert sein Lebenslicht

Und so kommt es wie er wusste
Ziemlich flott wirft man ihn raus
Schmerz spürt er in seiner Bruste
Er tat das, was jedem nutzte
Jetzt ist Schluss
Jetzt ist es aus

Seine Wut wächst unermesslich
Ossi, 50
Wirklich tot
Seine Seele, so verletzlich
Seine Zukunft – unerträglich
Und so sieht er nur noch rot

Wie dem Paul ergeht es vielen
Alter, Ossi – das geht nicht
Zwischen Hoffnung, Wünschen, Spielen
Wächst der Drang nach neuen Zielen
Wächst der Hass auf manch´ Gesicht

Und man trifft sich auf der Straße
Einfach schreien, was nicht geht
In den Städten wächst die Rage
Fort, nur fort mit aller Phrase
Weil das Glück vom Wind verweht

Ja, es sind schon ziemlich viele
Die am End' mit der Geduld
Wieder Hoffnung, Wünsche, Spiele
Wieder Jobs
Ganz neue Ziele
Wieder Leben
Ohne Schuld

Und der Wind fegt über Wege
Paul ist tot
Und lebt doch gut
Auch das Land scheint nicht mehr träge
Es bewegt sich
Gerad und schräge
Schnell pulsiert manch' frisches Blut

Stilles Ende

Schikaniert vom Arbeitsamt
Sitzt die Mutter weinend da
Ach, ihr Mann ist weggerannt
Und es zittert ihr die Hand
Auch zwei Kinder sind noch da

Stark gekürzt ward ihr das Geld
Nur die Miete zahln sie noch
Was für eine kalte Welt
Wo der Mensch nicht mehr viel zählt
Wo vom Leben bleibt ein Loch

Zynisch die Vermittlerin
Arbeit jedoch hat sie nicht
Stempeln macht doch keinen Sinn
Grinsend die Vermittlerin
Mit dem glatten Angesicht

Die Regierung feiert sich
Angeblich gibt's Arbeit satt
Schwätzen vornehm,
Vorbildlich
Haben Geld und Job und Licht
Feiern jeden guten Tag

Schweigend sitzt die Mutter da
Denkt an ihre Kinder nur
Plötzlich wird ihr sonnenklar
Dass ihr niemand hilft fürwahr
Traurig schaut sie auf die Uhr

Als sie geht,
Schließt sie die Tür
Nimmt die Kinder an die Hand
Es ist nachmittags um 4
Doch nach Hause geht's nicht mehr
Mit dem Bus ins Nimmerland

Und sie fahren bis zum Fluss
Der sich schlängelt unterm Steg
Ja, sie weiß:
Ab hier ist Schluss
Starrt in diesen wilden Fluss
Weils wohl nicht mehr weitergeht

Fort der Bus,
Es ist sehr still
Nur die Kinder fragen leis
Nein, sie weiß nicht, was sie will
Nirgendwo ein echtes Ziel
Nur die Welt,
Die kalt wie Eis

Nimmt die Kinder in den Arm
Springt mit ihnen in den Fluss
Drüber fliegt ein Vogelschwarm
Dort, wo einst noch Wünsche warn,
Ward ein Grab,
Ein stiller Schluss

Dann zeugt gar nichts mehr von ihr
Fort ein Mensch,
Zwei Kinder tot
Fünf Minuten ist's
Nach Vier
Eine Hoffnung gibt's nicht mehr
Und der Fluss verschweigt die
Not

Nachsatz:

Wo blieb Gott an jenem Tage
Wo ein Mensch,
Der helfen sollt
Übrig bleibt so manche Frage
Übrig auch manch´ schmerzend´
Klage
Nur ein ferner Donner
Grollt

Schwarze Wege

Schwarze Wege in die Hölle
Alles geht nur noch begrab
Wo ist Gott,
Auf den ich zählte
Kaum noch Hoffnung
Nur noch Kälte
Und am End seh ich mein Grab

Düsternis in allen Straßen
Nacht droht überall um mich
Regen in den engen Gassen
Welt, ich spür,
Du willst mich hassen
Mann, ich fühl mich fürchterlich

Stillstand klebt mich fest am Orte
Hier scheint alles tot und öd
Fast schon fehlen mir die Worte
Bin nicht von der starren Sorte
Diese Stille find ich blöd

Warum lässt mich Gott verzweifeln
Warum findet er das toll
Warum darf mich niemand streicheln
Nein, ich kann so keinem schmeicheln
In mir drin schreit Angst und
Groll

Lang such ich nach einem Wege
Der mich aus dem Alptraum führt
Doch verkohlt sind alle Stege
Fühl nicht, dass ich doch noch lebe
An dem Ort,
Wo man nichts spürt

Einsamkeit in meiner Seele
Einsamkeit in Herz und Blick
Wie ich mich auch immer quäle
Trete ständig auf der Stelle
Komme vorwärts nicht ein Stück

Alles scheint vorbeigezogen
Überholt von Glück und Zeit
Hab mich selbst zu oft belogen
Wohl zu lange Gott beschworen
Jetzt herrscht nur noch Dunkelheit

Ach, ich irr durch mein Verderben
Ists nun Hölle
Oder nicht
Keineswegs will ich jetzt sterben
Alles liegt noch nicht in Scherben
Ja, ich hoff noch auf mein Licht